Te wiira

Te korokaraki iroun Kym Simoncini
Te korotaamnei iroun Romulo Reyes III

Library For All Ltd.

E boutokaaki karaoan te boki aio i aan ana reitaki ae tamaaroa te Tautaeka ni Kiribati ma te Tautaeka n Aotiteeria rinanon te Bootaki n Reirei. E boboto te reitaki aio i aon katamaaroaan te reirei ibukiia ataein Kiribati ni kabane.

E boreetiaki te boki aio iroun te Library for All rinanon ana mwane ni buoka te Tautaeka n Aotiteeria.

Te Library for All bon te rabwata ae aki karekemwane mai Aotiteeria ao e boboto ana mwakuri i aon kataabangakan te ataibwai bwa e na kona n reke irouia aomata ni kabane. Noora libraryforall.org

Te wiira

E moan boreetiaki 2022
E moan boreetiaki te katootoo aio n 2022

E boreetiaki iroun Library For All Ltd
Meeri: info@libraryforall.org
URL: libraryforall.org

Te korotaamnei iroun Romulo Reyes III

Atuun te boki Te wiira
Aran te tia korokaraki Simoncini, Kym
ISBN: 978-1-922918-34-5
SKU02419

Te wiira

Iai wiiran bwaatika.

Iai wiiran rebwerebwe.

Iai wiiran kaa.

Iai wiiran turaki

Iai wiiran taian bwati.

Iai wiiran waanikiba.

Iai wiiran kaintekateka ake a kookookaki.

Iai wiiran buraam.

Iai wiiran tikuuta.

Iai wiiran turaorii.

Ko kona ni kaboonganai titiraki aikai ni maroorooakina te boki aio ma am utuu, raoraom ao taan reirei.

Teraa ae ko reiakinna man te boki aio?

Kabwarabwaraa te boki aio.
E kaakamanga? E kakamaaku?
E kaunga? E kakaongoraa?

Teraa am namakin i mwiin warekan te boki aio?

Teraa maamaten nanom man te boki aei?

Karina ara burokuraem ni wareware
getlibraryforall.org

Rongorongon te tia korokaraki

Bon te Assistant Professor Kym Simoncini ibukiia
ataei aika a uareereke ao moanrinan n te University
of Canberra i Aotiteeria. E ikawairake Kym i Cairns,
Queensland ma e kukurei nanona ni mwakuri i PNG
ike e uruuringa iai uareerekena. E taatangira te
wareware Kym ao e kakoauaa bwa ataei,
iai inaomataia ni warekii booki aika a irekereke
ma katei.

Ko kukurei n te boki aei?

Iai ara karaki aika a tia ni baarongaaki aika a kona n rineaki.

Ti mwakuri n ikarekebai ma taan korokaraki, taan kareirei, taan rabakau n te katei, te tautaeka ao ai rabwata aika aki irekereke ma te tautaeka n uarokoa kakukurein te wareware nakoia ataei n taabo ni kabane.

Ko ataia?

E rikirake ara ibuobuoki n te aonnaaba n itera aikai man irakin ana kouru te United Nations ibukin te Sustainable Development.

www.ingramcontent.com/pod-product-compliance
Lightning Source LLC
Chambersburg PA
CBHW040324050426
42452CB00034B/2962